LE GÉNÉRAL
DELMAS DE GRAMMONT

(1796-1862)

AUTEUR DE LA LOI FRANÇAISE POUR LA PROTECTION
DES ANIMAUX

PAR

EUGÈNE de BUDÉ

GENÈVE

IMPRIMERIE W. KÜNDIG & FILS, VIEUX-COLLÈGE, 3

1896

DELMAS DE GRAMMONT

(1796-1862)

LE GÉNÉRAL

DELMAS DE GRAMMONT

(1796-1862)

PAR

EUGÈNE de BUDÉ

GENÈVE
IMPRIMERIE W. KÜNDIG & FILS, VIEUX-COLLÈGE, 3
—
1896

AVANT-PROPOS

En 1868, lorsque fut créée à Genève la Société protectrice des animaux, notre pays ne possédait aucune disposition légale permettant de sévir contre les cruautés envers les bêtes. Au bout de quelque temps nous réussîmes à faire adopter, par le Grand Conseil de notre canton, une loi dont le texte était, à peu de chose près, conforme à celui de la loi Grammont. Dès lors le nom du général a été en vénération chez tous les zoophiles de notre contrée; et lorsque nous avons appris que dans son lieu d'origine on préparait des fêtes pour célébrer le centenaire de sa naissance, nous avons éprouvé comme un besoin irrésistible de nous associer à cette démonstration de gratitude et d'apporter à l'édifice notre pierre, si petite qu'elle fût.

Mais il restait un scrupule à vaincre. Etait-ce à nous d'entreprendre une notice sur l'auteur de la loi française, alors que la Société protectrice de Paris compte dans son sein tant de plumes éloquentes, tant d'écrivains de marque, capables de consacrer au général de Grammont un éloge plus digne de son œuvre? Avec une courtoisie parfaite, cette Société, à laquelle nous sommes fier d'appartenir comme membre honoraire, a bien voulu nous mettre à l'aise en nous encourageant dans notre projet.

Disons aussi que la famille de l'illustre philanthrope s'est montrée sympathique à notre idée et nous a fourni, en même temps que plusieurs renseignements intéressants, le beau portrait qui orne cette brochure ; nous lui témoignons ici toute notre reconnaissance.

L'AUTEUR.

LE GÉNÉRAL DELMAS DE GRAMMONT

(1796-1862)

Jacques-Philippe Delmas de Grammont était né le 13 juillet 1796, à la Sauvetat-du-Dropt (Lot-et-Garonne). Il appartenait donc, comme le remarque M. le baron de Vaux, « à cette « génération intermédiaire qui prit une part glorieuse aux « luttes suprêmes de l'épopée napoléonienne. » Il avait pour père Jean-Joseph Delmas de Grammont qui, déjà capitaine et chevalier de Saint-Louis avant 1789, se mit au service de la République, fut bientôt nommé chef d'une demi-brigade, déploya en 1793, devant Wissembourg, un courage héroïque, et y reçut des blessures dont il devait mourir quelques années plus tard.

Sa mère, Marthe-Sophie de Vivie du Vivier d'Agnac, était elle-même fille d'un vaillant militaire, qui avait vu de près la mort en combattant à Clostercamp contre les Hanovriens. On était unanime à reconnaître ses vertus, et les pauvres qu'elle comblait de bienfaits ont gardé longtemps son souvenir vénéré. Fils d'un héros et d'une sainte, comme on l'a dit justement, le jeune Philippe de Grammont sut se montrer digne de chacun d'eux.

Il débuta de bonne heure dans la carrière des armes, en faisant partie, dès l'âge de 16 ans, des gardes d'honneur de l'Empereur. Il prit part à deux campagnes, dans lesquelles il fit preuve, malgré son extrême jeunesse, de qualités exceptionnelles. Après Waterloo, il rentra au service sous la Restauration, et fut nommé lieutenant au 4e régiment de chasseurs à cheval. Grâce à ses brillantes aptitudes, il obtint un avancement rapide : il fut successivement adjudant-major au 12e régiment de dragons, major au 1er régiment de chasseurs à cheval, chef d'escadron au 1er régiment de lanciers [1], lieutenant-colonel au 1er régiment de dragons, colonel du 8e régiment de hussards, dont il avait été l'organisateur. C'était, paraît-il, un régiment modèle. Il en avait fait, comme le dit M. Jacques-Philippe Tamizey de Larroque, son neveu, filleul et biographe [2], une savante école et une grande famille. Il était adoré de tous ses subordonnés, auxquels il rendait l'obéissance facile et qui avaient en lui une confiance sans bornes. On le vit bien quand vinrent les jours d'épreuve de 1848. On avait tenté de faire pénétrer les idées révolutionnaires dans le 8e hussards et d'y établir des clubs. Le colonel de Grammont protesta contre cette intrusion officielle, qu'il regardait comme incompatible avec la discipline. « Trente-trois ans d'obéissance, dit-il, m'ont appris à connaître les devoirs du commandement. J'aime mieux rentrer dans mes foyers que d'obéir à des ordres contraires à l'honneur et à la disci-

---

[1] C'est en cette qualité qu'il prit part, en 1832, au siège d'Anvers, où il avait pour colonel le duc de Nemours, qui lui témoigna toujours beaucoup d'estime. Le duc d'Orléans ne l'apprécia pas moins que son frère.

[2] *Notice sur le général Delmas de Grammont.* Paris, 1862, in-8º. Extrait du *Bulletin de la Société protectrice des animaux.*

pline. » Et il offrit sa démission, qui ne fut pas acceptée.
Le régiment tout entier protesta par une adresse où éclatait
le dévouement le plus enthousiaste. Il garda son chef, mais
pour peu de temps, car celui-ci fut nommé général de bri-
gade en décembre 1848. Il fit en cette qualité partie de
l'armée des Alpes, et y fut remarqué par le maréchal
Bugeaud, avec lequel il se lia d'une véritable amitié. A
Lyon, il seconda admirablement son chef dans la tâche dif-
ficile d'apaiser les esprits, et parvint à triompher, sans tirer
l'épée, de cette armée du désordre plus redoutable qu'une
armée étrangère. Il accomplit avec succès la même œuvre
de conciliation à St-Etienne. Il sut remplir sa mission
avec cette fermeté conciliante qui sauvegarde les situations
les plus difficiles. Il eut le rare bonheur de se faire encore
plus aimer que craindre. Il s'attira ainsi la confiance du
Président, et bientôt il fut nommé représentant à l'Assemblée législative par ce département de la Loire dont il avait
eu à réprimer les tendances insurrectionnelles.

Dans la profession de foi qu'il avait adressée à ses élec-
teurs, le général de Grammont avait déclaré qu'il serait
toujours sur la brèche « pour défendre les principes sacrés
sur lesquels la société repose. » Il ne faillit pas à sa pro-
messe. Il avait une parole vive, colorée, spirituelle, et il la
mettait au service de toutes les nobles causes. Il n'était in-
féodé à aucun parti, et ne recevait de mot d'ordre que de sa
conscience, forçant ses adversaires eux-mêmes à rendre
hommage à sa parfaite loyauté.

Il eut bientôt l'honneur d'attacher son nom à une réforme
qui restera certainement son plus beau titre de gloire. La loi
protectrice des animaux rencontra une approbation unanime,
du moins lorsqu'elle eut été adoptée. Le général lui-même

aimait à raconter que l'Empereur l'avait présenté au prince Albert en disant : « M. le général de Grammont, auteur de la *seule* bonne loi que nous devons à la République. » On raconte que la première idée lui en était venue dans les circonstances que voici. Pendant qu'il était en garnison à St-Etienne, se trouvant un jour sur le balcon de l'Hôtel du Nord, situé sur une des voies les plus fréquentées de la ville, surtout à un moment où tout le charroi du charbon se faisait à l'aide de chevaux et de bœufs, il fut ému de pitié en voyant les mauvais traitements auxquels étaient soumis les pauvres attelages, que les voituriers frappaient à grands coups de fouet ou d'aiguillon pour leur faire monter la rampe assez rapide de la rue de la République, alors rue Royale. Ce fut, dit-on, ce spectacle qui lui inspira l'idée de la loi qui porte son nom.

Le général de Grammont avait trouvé dans sa famille mille exemples de bonté et même de tendresse pour les animaux domestiques. La sœur de sa grand'mère, Madame de Pascalis (née Bourbel de Montpinçon) recueillait avec zèle et soignait avec amour toutes les pauvres bêtes blessées et abandonnées des environs de la Sauvetat et de Miramont. Le colonel, père du général, avait une touchante affection pour son vieux cheval de bataille qui, disait-il, lui avait *fraternellement* sauvé la vie en lui faisant un rempart de son corps, un jour qu'il avait été renversé par plusieurs coups de feu ; chaque matin il allait faire une visite à son ancien compagnon, caressait le noble animal et le traitait en véritable ami. A l'exemple de son père, Jacques-Philippe de Grammont avait pour ses chevaux des soins admirables et il s'amusait à dire : *ils sont de la famille*. On nous raconte que le futur général, alors tout jeune officier,

se promenant sur les bords du Dropt avec ses deux sœurs,
Mme de Boëry et Mme Tamizey de Larroque, vit un chien
qu'une charrette venait d'écraser : il court à lui, lave ses
blessures avec l'eau de la rivière, l'enveloppe dans un
mouchoir, l'emporte dans ses bras et le soigne tant et si
bien, aidé des deux sœurs, dignes de leur frère par leur
parfaite bonté, que le quadrupède fut bientôt complètement
guéri et se montra toujours fort reconnaissant envers celui
qui l'avait sauvé. Le général aimait à dire que cette cure
était un des meilleurs souvenirs de sa jeunesse. Ce *grand
homme de bien,* comme on l'a justement surnommé, fut,
toute sa vie, particulièrement bon pour les petits, pour les
humbles, pour les sacrifiés.

L'idée qui a inspiré le général de Grammont est une
de celles que la France peut revendiquer hautement, bien
qu'elle ne l'ait fait passer que tardivement dans le domaine légal. Déjà en 1802, l'Institut avait mis au concours
la question suivante : « Jusqu'à quel point les traitements
barbares exercés sur les animaux intéressent-ils la morale
publique, et conviendrait-il de faire des lois à cet égard ? »
Plusieurs mémoires furent envoyés sur ce sujet, entre lesquels le plus important était dû à la plume d'un chirurgien
lyonnais, J.-L. Granchamp. Dans cet « Essai philosophique, »
il réfute la doctrine cartésienne des bêtes-machines, en
montrant que les animaux sont sensibles physiquement
et moralement; puis il définit ce qu'on doit entendre par
« traitements barbares, » et conclut à la nécessité d'établir
des lois qui protègent les animaux et punissent les hommes
qui les maltraitent.

Il fallut près d'un demi-siècle pour que ce vœu fût réalisé,
grâce au général de Grammont. Mais si la France s'est

laissé devancer à cet égard par les nations voisines, il n'en est pas moins vrai que c'est elle qui, la première, comme le dit M. Lamquet, le zélé secrétaire perpétuel de la Société protectrice de Paris, « a pensé que les lois ne seraient pas déshonorées pour étendre leur protection jusque sur les animaux ; le souffle généreux du 18ᵉ siècle et du mouvement de 1789, lequel durait encore en 1802, était assez large pour descendre jusque sur les bêtes. L'Angleterre a mis l'idée en pratique avant la France, cela est vrai, mais la conception est bien française. »

Il existait bien à Paris une Société protectrice des animaux, qui s'était fondée en 1846 ; mais n'ayant pas de sanction légale, elle était impuissante à réprimer des abus qu'elle ne pouvait que signaler. Elle s'empressa de mettre à la disposition du général de Grammont une foule de documents dont il tira un précieux parti pour appuyer son projet.

Ce fut le 7 janvier 1850 que le général déposa sur le bureau de l'Assemblée nationale le rapport de la Commission chargée d'examiner sa proposition relative aux mauvais traitements exercés envers les animaux. Cette commission était composée de MM. de Dampierre, Derricy, Barre, d'Havrincourt, Lherbette, Ceyras, Simonot, Pécoul, Racouchot, de l'Espinay, Durand-Savoyat, Fortoul, Général de Grammont, Jusseraud, de Vaujuas. Elle avait examiné consciencieusement la question, et à l'unanimité moins deux voix elle avait adopté, avec quelques amendements de forme, le projet de loi présenté par M. de Grammont.

Dans le rapport que celui-ci fut chargé d'écrire, il commence par constater que la législation française s'est occupée des animaux au point de vue de la propriété, mais qu'elle garde le silence sur la part de justice et de pitié qui leur est due. Apparemment, dit-il, on a pensé que l'intervention de la loi n'était pas nécessaire pour rappeler à l'homme que les animaux lui ont été confiés afin qu'il en soit le maître, non le tyran. Mais aujourd'hui il est temps de combler cette lacune des codes. Tout le monde reconnaît qu'une loi sur cette matière est devenue indispensable : l'Angleterre, la Bavière, la Suisse, la plupart des États de l'Allemagne sont parvenus, à force de soins et de persévérance, à fonder des sociétés protectrices. Il s'agit de consulter les lois en vigueur chez les autres peuples, et de les mettre en rapport avec l'esprit et les mœurs de la France. Comme l'a dit un célèbre jurisconsulte, « l'utile et le vrai font partie des biens que l'homme doit revendiquer partout, et dont l'usage lui appartient sans cesse. » Il est digne de l'Assemblée nationale, continue le rapporteur, de s'occuper sans retard d'une loi qui, en adoucissant la condition des animaux, instruments précieux de notre existence, agents indispensables de nos besoins comme de nos plaisirs, vienne en même temps mettre un terme à des abus aussi contraires à la morale qu'à nos intérêts matériels. Prévenir les mauvais traitements, c'est travailler à l'amélioration morale des hommes, aussi bien qu'à l'amélioration physique des animaux : la douceur, la pitié à leur égard, tiennent plus qu'on ne pense à l'humanité, car l'homme dur et cruel envers les animaux le sera pour tous les êtres confiés à son autorité ou à ses soins. Une loi protectrice, en rendant les actes de barbarie plus rares, améliorera les mœurs et fera disparaître peu à peu les spectacles révoltants qui familiarisent l'homme avec la vue du sang et font germer dans le cœur de l'enfant des habitudes de cruauté qui influent plus tard sur sa destinée. Le général de Grammont se souvenait sans doute, en parlant ainsi, du spectacle odieux jadis donné par un de ses jeunes concitoyens qui, sur une place publique de la Sauvetat, frappait de coups de fouet redoublés un chien auquel il avait coupé deux jambes et ricanait en forçant le malheureux animal à marcher quand même. Le bourreau du chien devint plus tard un criminel, et empoisonna son père malade en mêlant de l'arsenic à la tisane que prenait le vieillard ; il expia son parricide sur l'échafaud.

A la question morale se joignent, déclare le rapporteur, d'importantes considérations matérielles.

Tout gouvernement sage, intervenant en vue de conserver mieux et de multiplier davantage les animaux utiles, garantit des ressources importantes à l'Etat et aux populations. La première condition du succès est de donner une généreuse protection aux auxiliaires indispensables à la santé, à la vie, au bien-être de l'homme. La misère publique, préface des révolutions lorsqu'elle n'en est pas le prétexte, disparaîtrait devant l'accroissement de l'espèce animale, devant cette richesse de l'agriculture qui peut seule réaliser l'existence à bon marché.

M. de Grammont montre ensuite comment des sociétés protectrices se sont successivement créées dans divers pays : en Angleterre d'abord où, dès 1809, la voix de lord Erskine s'élevait au milieu du Parlement pour obtenir justice en faveur des bêtes, et où se fondait, en 1824, une « *Société pour prévenir les cruautés exercées envers les animaux.* » Sur le continent, la première association de ce genre fut fondée à Munich en 1841, par les soins du Dr Perner. Admirablement dirigée, elle servit de modèle aux nombreuses sociétés protectrices qui s'organisèrent dans le nord de l'Europe, et plus tard à la Havane et à Philadelphie. Le 3 avril 1846, une « Société protectrice des animaux » fut constituée à Paris avec l'autorisation du gouvernement, et elle fonctionnait déjà avec un zèle remarquable lorsque la révolution de juillet 1848 vint disperser une partie de ses membres. Ils ne tardèrent pas, il est vrai, à se réunir de nouveau à Paris pour reprendre leur activité.

Après cet historique de la question, le général exprimait le désir que les sociétés existantes, ou qui allaient se créer, pussent marcher de concert avec la loi proposée. En terminant, il déclarait que deux membres de la commission étaient opposés au projet, l'un trouvant que le Code pénal fournissait des armes suffisantes, l'autre ému par la crainte que les nouveaux cas de contravention introduits dans la législation ne fussent de nouvelles entraves pour la liberté.

Voici quel était le texte du projet présenté par la Commission. On va voir qu'il était singulièrement plus détaillé que la loi votée six mois plus tard.

« Article 1er. — Quiconque se sera rendu coupable d'actes de cruauté ou de mauvais traitements envers les animaux, et notamment envers les bêtes de trait, de somme ou de monture, sera puni de 5 à 15 francs d'amende ; en cas de récidive, il pourra être condamné à la prison, de un à cinq jours.

Art. 2. — L'amende sera prononcée, savoir deux tiers au profit de la commune où la contravention aura eu lieu, un tiers au profit de l'agent qui l'aura constatée.

Art. 3. — Sont réputés contraventions, actes de cruauté et mauvais traitements :

1° Les blessures volontaires.

2° Les coups violents et répétés.

3° Le chargement excessif.

4° La privation abusive de nourriture.

5° Les tentatives brutales pour faire relever les animaux abattus sous les fardeaux, sans les dételer ou les décharger.

6° La présence des enfants dans les abattoirs et autres lieux de tuerie.

7° Enfin l'action de causer sur la voie publique des douleurs et des tourments aux animaux pour leur faire faire des efforts au-dessus de leurs moyens.

Plus de deux mois après, le 15 mars, l'ordre du jour de l'Assemblée appelait la première délibération sur la proposition du général de Grammont. Ce dernier réclama l'urgence ; il estimait que le projet ayant été examiné de près par la Commission, il n'y avait pas lieu de le soumettre à une discussion qui retarderait le moment où la loi pourrait être votée et appliquée. Mais la Chambre, consultée, n'entra pas dans ces vues, et il fut décidé qu'on passerait à une seconde délibération. Celle-ci n'eut lieu que le jeudi 13 juin.

Après la lecture des articles proposés, le président donna la parole à un opposant, M. Savatier-Laroche, qui déclara que la loi lui paraissait inacceptable. Le principal argument qu'il développa, c'est qu'il serait très dangereux de vouloir réprimer des actes dont l'appréciation serait livrée à l'arbitraire des agents de l'autorité.

Un second orateur, M. Hubert-Delisle, répliqua en montrant que la mesure proposée était éminemment utile ; l'exemple de l'Angleterre prouvait assez qu'on peut faire et appliquer une loi de ce genre.

M. de Grammont reprit la parole, non pas pour développer son projet, mais seulement pour citer des faits récents qui démontraient assez éloquemment, selon lui, combien des dispositions pénales étaient nécessaires.

« Pendant que la Commission, dit-il, discutait la loi que j'ai proposée, sous nos yeux, dans la rue qui longe l'Assemblée nationale, un cheval s'était abattu. Il était entouré d'une foule de jeunes gens, d'enfants; on ne pouvait pas le faire relever. Je sortis; je m'approchai de ce cheval; apercevant des membres passables, l'œil encore bon, je demandai au propriétaire comment il se faisait que cet animal fût dans l'état de marasme. Il me répondit: «Je n'ai pas d'ouvrage, mon cheval ne travaille pas, et je ne peux pas le nourrir abondamment. » Je lui dis : « En effet, évidemment il tombe exténué de faim. » Je fis apporter une botte de foin, le cheval la dévora. Il n'avait peut-être pas mangé depuis trois ou quatre jours ! Un ouvrier voulut lui donner un morceau de pain ; sa faim était encore tellement forte qu'il se précipita et arracha presque la main qui lui tendait le pain. Le lendemain, je fis ajouter à la Commission l'article concernant la privation abusive de nourriture. »

Le général cite ensuite un second trait encore plus frappant.

« A Orléans, dit-il, il y a quelques jours, un individu va acheter des veaux. En les conduisant à son village, ces animaux lui échappent à chaque instant. Cet homme était accompagné de quatre ou cinq enfants du village. Les animaux s'arrêtent tout à coup et cherchent à fuir. « Je ne puis, dit le boucher, les conduire plus loin ; qui est-ce qui a un couteau ? — En voilà un, dit un des enfants. — Donnez-le moi. » Il prend le couteau, fait tenir ces veaux par les petits enfants, et il leur crève les yeux pour les mettre hors d'état de fuir. »

L'Assemblée décida qu'elle passerait à une troisième délibération, laquelle eut lieu le mardi 2 juillet.

L'un des deux membres de la Commission qui s'étaient montrés hostiles au projet, M. de Vaujuas, prit la parole et combattit longuement les divers articles proposés. Il ose déclarer sérieusement qu'une loi protégeant les animaux porterait atteinte « à la propriété, à la liberté, et même, sous quelques rapports, à l'humanité et à la morale ! » Il ajoute que si cette loi était appliquée, elle entraînerait une intervention journalière, une inquisition déplorable dans l'éducation des animaux. En outre, les paysans qui viennent à la ville les jours de marché en trouvent déjà les abords hérissés par une foule de difficultés, par des règlements de police qui semblent autant de pièges tendus devant eux. « Que sera-ce, dit-il, lorsqu'ils trouveront sur leur route, à chaque pas, des agents qui auront le droit, non seulement de blâmer, mais de punir sévèrement la manière dont ils auront chargé, nourri, traité, conduit les animaux qui les accompagnent ? Que sera-ce lorsque cette manie de tout réglementer qui, aujourd'hui du moins, ne les atteint que lorsqu'ils sortent de leur domicile, les atteindra tous les jours, les poursuivra jusque dans leurs étables, jusque dans leurs champs, jusque dans le foyer domestique, leur demandant compte de chaque coup au moyen duquel ils exciteront leur attelage et de chaque ration qu'ils distribueront à leurs troupeaux ? »

L'orateur déclare ensuite que la loi, avec les règlements auxquels elle donnerait lieu, livrerait les populations à l'arbitraire des préfets. Il se moque d'une réglementation qui risquerait de punir, comme en Bavière, de l'amende et de la prison ceux qui ne feraient pas cuire dans la forme légale les écrevisses et les escargots !

Naturellement des arguments de ce genre soulèvent l'hilarité d'une partie de la Chambre; M. Baraguey d'Hilliers ajoute un trait qu'il jugeait plaisant : « Et les anguilles de Melun qui crient avant qu'on les écorche! »

Voilà, continue d'un ton convaincu M. de Vaujuas, la voie dans laquelle nous nous engageons, voilà les modèles qu'on nous excite à suivre !

La loi, si elle était appliquée, constituerait un véritable esclavage pour les propriétaires d'animaux. Comment un juge pourra-t-il dire quand les coups auront été trop violents ou trop répétés? Pour déterminer s'il y a eu privation abusive de nourriture, il faudra intervenir d'une façon inquisitoriale dans la vie privée. On mettra partout un étranger entre l'animal et son maître, étranger qui se croira plus capable que le maître de juger les services que peut rendre l'animal et les besoins qu'il éprouve.

L'orateur poursuit en accumulant contre le projet des arguments plus médiocres encore. Selon lui, un propriétaire brutal est suffisamment puni par la dépréciation que les mauvais traitements risquent de faire subir à l'animal! Il y a des délits beaucoup plus graves que le législateur devrait d'abord songer à atteindre, par exemple la brutalité envers les femmes et les enfants.

La loi, prétend-on, ne serait pas appliquée, et ne serait faite que pour inspirer une crainte salutaire! « Gardons-nous, dit-il, de pareilles lois : nous en avons déjà trop! Gardons-nous d'encombrer cet arsenal d'armes rouillées, que quelques agents subalternes tirent de temps en temps du fourreau et avec lesquelles ils frappent les premiers venus, uniquement pour montrer leur zèle! »

On parle de cette loi comme devant contribuer à la mora-

lisation des masses. Selon M. de Vaujuas, c'est une erreur.
« Vous risqueriez, dit-il, en effaçant la différence qui existe
entre l'homme et les animaux, de rabaisser de beaucoup le
niveau de l'humanité. Je crains que le crime envers les
personnes perde quelque chose de l'horreur qu'il inspire,
s'il était puni d'une manière presque analogue aux délits
que nous commettrions envers les animaux. » Que des
règlements de police écartent les enfants des abattoirs,
ce sera une chose utile, évidemment. Que les sociétés protectrices flétrissent des faits tels que ceux qui ont été
cités par le général de Grammont, et les signalent par
la publicité à l'indignation publique, — rien de mieux !
Mais il ne faut pas aller plus loin et faire des lois solen-
nelles en faveur des animaux. Si les nations voisines ont
cru devoir légiférer sur cette matière, ce n'est pas une
raison pour les imiter. « Messieurs, dit-il en terminant,
restons nous-mêmes, et ne copions pas à tout propos les
nations étrangères ; fions-nous à nos mœurs qui, sans cet
attirail de lois dont on veut les matérialiser et les compli-
quer, et sans violer en rien notre indépendance et notre
liberté, ont fait et continueront de faire de la France le
pays le plus civilisé de l'univers ! »

Nous avons tenu à donner une analyse très détaillée du
discours de M. de Vaujuas. Nos lecteurs seront ainsi à
même de juger par quels pitoyables arguments on tentait
de battre en brèche la proposition de M. de Grammont.

Celui-ci reprit la parole pour répliquer à cette attaque.
Dans une improvisation chaleureuse, il affirma que la loi
proposée répondait bien à un sentiment général de la popu-
lation et qu'elle serait accueillie avec une vive sympathie.
Il en donna pour preuve la volumineuse correspondance qu'il

recevait à ce sujet de tous les points de la France. Des objections lui étaient venues du côté des socialistes, qui disaient qu'on devait songer à améliorer le sort des hommes avant de s'occuper des animaux. Le général leur répond en citant un article d'un de leurs journalistes, qui prend la défense de la loi proposée. « Dans le grand travail de régénération « et d'affranchissement qui s'accomplit, écrit Eug. Stourm « dans l'*Echo de l'Ouest*, chacun a sa tâche. Devenir meil- « leur et plus juste dans quelque cas et à quelque titre que « ce soit, c'est, dans la mesure de sa propre amélioration, « adoucir le sort de tous les êtres qui nous environnent et « les délivrer de leurs tyrans. »

M. de Grammont défend ensuite son projet, article par article. Il montre que le premier établit une pénalité suffisante. Sans doute il sera rarement appliqué ; mais le but sera atteint dès que les hommes chargés de la conduite des animaux sauront qu'en les maltraitant ils se rendent coupables aux yeux de la loi. « L'aspect du sergent de ville, le chapeau du gendarme dans le lointain, les reproches ou l'intervention des passants, seront autant de freins pour des actes de brutalité aussi contraires à la morale qu'à nos intérêts matériels. » Prévenir les mauvais traitements, c'est travailler à l'amélioration morale des hommes autant qu'à l'amélioration physique des animaux. M. de Grammont évoque ici les souvenirs de l'histoire ancienne, et rappelle comment des scélérats, tels que Domitien et Néron, ont prélude à leurs crimes en torturant les animaux.

« Dans l'armée, continue-t-il, le soldat qui tourmente son cheval est puni de la consigne ; celui qui le surmène est envoyé à la salle de police, en prison s'il l'a battu. Enfin, s'il le blesse ou le tue, il a à rendre compte au conseil de guerre. Par quel singulier privilège ce qui est mal pour le soldat serait-il bien pour le charretier ? »

Il montre ensuite comment, par de bons traitements et des soins intelligents, on réussirait à améliorer les races d'animaux domestiques et à les rendre plus productives. On garantirait ainsi des ressources importantes à l'Etat et aux populations et on cesserait d'être tributaires des peuples voisins.

L'orateur passe rapidement sur l'article 2, qui, dit-il, n'a pas besoin d'être défendu, étant conforme à ce qui existe pour une foule d'autres cas.

L'article 3 lui fournit au contraire la matière de longs développements. Il cite des faits révoltants, devant lesquels le code actuel est désarmé. Les délinquants savent trop que la loi ne peut les atteindre et cela ne fait qu'augmenter leur cynisme. Témoin ce charretier qui conduisait dans Paris un cheval horriblement blessé sous le ventre. A chaque cahot, la courroie frappant la plaie faisait faire un mouvement convulsif au pauvre animal. Aux reproches qu'un passant lui adressait, l'homme répond ironiquement : « Ça le fait marcher, ça lui évite des coups de fouet ! »

Le général montre ensuite comment les coups violents et répétés peuvent amener une mort instantanée ou provoquer le tétanos.

Pour justifier le paragraphe relatif à la privation abusive de nourriture, il parle des équarisseurs qui, ne se donnant plus même la peine d'abattre les animaux, les font mourir de faim, et des bouchers qui, pour payer les droits d'octroi sur un poids moins élevé, privent le bétail de nourriture pendant plusieurs jours. — Il insiste ensuite sur la nécessité d'un article interdisant aux enfants l'entrée des abattoirs, où ils s'endurcissent par la vue du sang. Il rappelle, à propos des barbaries commises par les bouchers, les dangers que peut faire courir à la santé publique la viande d'animaux maltraités et devenue malsaine par ce seul fait.

Parlant ensuite de la façon dont on traite les chevaux en France, il ne résiste pas au plaisir de citer une jolie page de littérature. Voulez-vous, s'écrie-t-il, entendre M. de Chateaubriand ? voici ce qu'il dit :

« Partout où l'on agit doucement envers les animaux, ils sont gais et se plaisent avec l'homme. En Allemagne, en Angleterre, on ne frappe point les chevaux ; on ne les maltraite pas même de paroles ; ils se rangent à la moindre émission de la voix, au plus petit mouvement de la bride. De tous les peuples les Français sont les plus inhumains. Voyez nos postillons atteler leurs chevaux : ils les poussent aux brancards à coups de botte dans le flanc, à coups de fouet sur la tête, leur cassant la bouche avec le mors pour les faire reculer, accompagnant le tout de jurements, de cris, d'insultes au pauvre animal. On contraint les bêtes de somme à tirer ou à porter des fardeaux qui surpassent leurs forces et, pour les obliger d'avancer, on leur coupe le cuir à virevoltes de lanières. La férocité du Gaulois nous est restée ; elle est seulement cachée sous la soie de nos bas et de nos cravates. »

M. de Grammont termine enfin par une sorte de péroraison dont voici quelques lignes :

« Je comprendrais difficilement pourquoi la France regarderait comme vexatoire une loi dont on est fier dans le reste de l'Europe. Les progrès de celle que nous discutons sont suivis avec anxiété en France et à l'étranger ; sa défense m'est recommandée avec une sollicitude touchante par les sociétés protectrices de Londres et de Munich. Autour de nous les rois, les reines ne dédaignent pas de protéger les animaux. La France ne leur refusera pas davantage la pitié qui leur est due. Nous donnerons cette loi à la société et ce n'est pas ce que nous aurons fait de plus mal.

« Lord Erskine et Richard Martin ont proposé la loi anglaise dès 1809, elle n'a passé qu'en 1822. Pendant treize ans ils ont essuyé les feux croisés du sarcasme, de la caricature et de l'hilarité parlementaire. Je ne serai ni moins dévoué ni moins persévérant, et je prends l'engagement de vous présenter la même loi, pendant toute la durée de mon mandat, de six mois en six mois, si je ne suis pas assez heureux pour la faire accepter aujourd'hui.

« L'homme politique tombe, c'est la loi commune ; mais le bien qu'il a fait subsiste toujours, comme la meilleure partie de lui-même. »

On pouvait croire que l'ensemble de la loi allait passer sans encombre. Mais il n'en fut pas ainsi. M. Defontaine, tout en se déclarant d'accord sur la nécessité d'une loi protectrice des animaux, fut d'avis qu'on devait restreindre cette protection aux animaux domestiques et ne réprimer que les abus commis en public. Il trouvait qu'aller plus loin c'était « porter atteinte au droit de propriété, qui consiste à user et à abuser. »

Naturellement le général de Grammont défendit son projet, disant que l'amendement proposé détruisait toute l'économie de la loi. La Chambre ne voulut pas le suivre jusqu'au bout, et voici quel fut le texte définitivement accepté et voté par l'Assemblée :

« *Seront punis d'une amende de un à quinze francs, et*

*pourront l'être de un à cinq jours d'emprisonnement, ceux
qui auront exercé publiquement et abusivement des mauvais traitements envers les animaux domestiques* [1].

« *La peine de l'emprisonnement sera toujours appliquée
en cas de récidive.*

« *L'article 483 du Code pénal sera toujours applicable.* »

Comme le dit M. Tamizey de Larroque, « pendant quelque
temps, dans notre railleur pays, on n'a pas accordé à l'ini-
tiative du général de Grammont tout le mérite qui lui était
dû. Mais la lumière la plus éclatante n'a pas tardé à se
faire, et chacun aujourd'hui s'approprierait volontiers la
boutade du très spirituel M. A. Toussenel disant de la loi
qui protège les bêtes : « La meilleure loi que nos législa-
« teurs nous aient faite depuis un demi-siècle, la seule du
« moins que j'eusse été heureux et fier d'entendre appeler
« par mon nom. »

[1] Cette restriction aux seuls animaux *domestiques*, introduite dans la loi
de 1850 contre le vœu de son auteur, lui a enlevé une bonne partie de sa
portée, et en a sensiblement restreint l'application. Ainsi dans la question des
combats de taureaux, qui en dernier lieu a si vivement agité l'opinion publique,
et qui a fait l'objet d'une campagne si énergiquement poursuivie par la Société protectrice de Paris et son éminent président, M. Uhrich, avec l'appui de
la grande majorité de la presse française, les adversaires de l'application de
la loi ont longtemps prétendu que le taureau ne devait pas être considéré
comme un *animal domestique* (et les chevaux éventrés en bon nombre à chaque
corrida sont bien pourtant des animaux domestiques !) Or la Cour de cassa-
tion, devant laquelle la question a été portée, s'est prononcée contre cette
prétention : elle a déclaré, par un jugement rendu le 16 février 1895 et
confirmé par le tribunal de Limoges le 13 août de la même année, que le
taureau est un animal domestique. Mais, devant les résistances et les mani-
festations tumultueuses d'une partie des populations du Midi, beaucoup de
magistrats ne se sentent pas suffisamment armés par le texte actuel de la loi
Grammont. Combien il conviendrait de revenir le plus vite possible, par une
sage revision, à l'idée première du général, qui voulait que l'on protégeât tous
les animaux, quels qu'ils fussent !

Il ne faudrait pas croire que la protection des animaux ait été le seul objet dont le général de Grammont se soit occupé en tant que député. On le voit assez souvent intervenir dans des questions économiques et financières. Ainsi, dans cette même année 1850, il dépose un projet de loi relatif à la création d'une Banque foncière de France, destinée surtout à venir en aide aux agriculteurs. C'est là, disait-il, une institution qui manque au pays, et dont le premier résultat serait de tuer l'usure, contre laquelle on fait en vain des lois. Remettre l'agriculture en honneur, lui faire obtenir à un taux très modéré l'argent dont elle a besoin, favoriser le travail partout, tel était son rêve et sa constante préoccupation. Quand on l'accusait de faire ainsi du socialisme, il acceptait volontiers cette qualification. « Si c'est là, disait-il, ce que vous appelez être socialiste, à ces conditions je crois que nous le sommes tous de ce côté (la droite), aussi bien que de celui-là (la gauche); et pour moi, je puis ajouter que je le suis de naissance, car je compte dans ma famille plusieurs générations d'hommes qui ont eu la passion de faire le bien. »

S'il s'intéressait aux populations agricoles, il ne se préoccupait pas moins du sort des classes ouvrières. Quand il fut question pour la première fois de transférer de Montbrison à St-Etienne le chef-lieu du département de la Loire, il appuya ce projet dans un beau discours auquel nous empruntons le passage suivant :

« Les troubles industriels sont toujours politiques au fond. On excite le mécontentement des ouvriers par des questions de salaire, et lorsque l'agitation est à son comble, il se trouve toujours là quelqu'un, par hasard, pour les faire descendre dans la rue, et les y abandonner lorsque la foudre éclate !... Si vous aviez vu comme moi le cœur de ces hommes, que l'on trompe, s'ouvrir aux bons conseils, dès qu'une parole sympathique frappe leurs oreilles d'un son inaccoutumé, vous comprendriez la nécessité de placer au milieu d'eux le premier magistrat du département. Ils le recevront de vos mains comme un bienfait ; ils aiment qui les aime et rendent au centuple le bien qu'on leur fait. J'ai le droit de le dire par expérience : un homme éclairé, un ami de l'humanité, un sage économiste fera sortir ces hommes, dignes d'un meilleur sort, des liens qui les enserrent fatalement. »

M. de Grammont était surtout un homme d'action ; mais il avait des qualités oratoires incontestables. Il ne se laissait pas désarçonner par les interruptions ou les railleries qui lui venaient des hommes inféodés à un autre parti politique. Il leur répondit plus d'une fois avec beaucoup d'à-propos. Un jour qu'une partie de la gauche essayait de couvrir sa voix par un tapage systématique, il la rappela aux convenances par cette apostrophe éloquente : « Pourquoi ce bruit, Messieurs ? Je ne me suis pas écarté du vrai un seul instant. La vérité est une vertu républicaine, il faut la respecter et savoir l'entendre, surtout lorsqu'elle déplaît. »

Il savait mépriser comme il convient les sottes plaisanteries des petits esprits qui voyaient, dans la campagne qu'il avait entreprise en faveur des animaux, je ne sais quoi de puéril et d'indigne d'un militaire. Lui n'ignorait pas qu'il était d'accord en cela avec les esprits les plus distingués, dont on pourrait citer un grand nombre, et qui n'ont pas considéré comme au-dessous d'eux de défendre les êtres inférieurs de la création. « Ce sera, écrivait Th. Gautier, une des gloires de la civilisation d'avoir amélioré la condition des bêtes et de leur épargner toute torture inutile. »

Le général était avant tout un ami de l'ordre. Il ne pouvait songer sans indignation aux troubles de 1848, et aux scènes de violence dont il avait été le témoin à St-Etienne. Il n'en rendait pas responsables les ouvriers eux-mêmes, mais ces agitateurs de profession, ces chefs de clubs qui avaient remplacé les autorités légales après les avoir renversées violemment. Il rappelait avec indignation comment, presque sous ses yeux, des bandes de malfaiteurs s'étaient ruées impunément sur les couvents de la ville, pillant, incendiant, comme il le disait, « ces asiles de l'innocence et de la piété, où l'enfant de l'ouvrier recevait les soins les plus touchants, où la femme repentante trouvait la consolation dans le travail et la prière. »

Il était persuadé qu'une administration ferme était nécessaire pour prévenir le retour de la guerre civile : « Ce qui a manqué à la France, disait-il, pour sortir de la voie dangereuse où elle se trouve engagée, c'est la liberté pour tous, *garantie par une forte répression de la licence...* Instruisez, moralisez les masses, montrez une juste sollicitude pour les classes laborieuses. L'agriculture et l'industrie, ces deux grandes puissances, ne vous feront pas défaut : elles seront la force du pays après en avoir été la fortune. »

Ajoutons que l'intérêt qu'il témoignait à l'agriculture n'était pas simplement théorique. Dans son domaine de Miramont il élevait avec soin les chevaux des meilleures races. Il s'était fait aussi l'apôtre de l'hippophagie, dans la pensée que des animaux destinés à la nourriture de l'homme seraient par cela même traités avec plus de ménagement.

Après le 2 décembre, le général de Grammont rentra dans le service actif et eut à commander pendant quelques jours l'état de siège dans le Lot-et-Garonne. Dans ces circonstances difficiles, il se comporta avec autant de prudence que de modération. Il sut se montrer indulgent envers ceux contre lesquels il devait sévir, au point de s'attirer le blâme de certains fonctionnaires trop zélés.

Il fut appelé, en janvier 1852, à résider dans le département des Basses-Pyrénées. Pendant qu'il était à Bayonne, l'empereur lui envoya un jour l'ordre d'aller saluer de sa part le roi d'Espagne, qui se trouvait momentanément près de la frontière. Le général partit immédiatement, mais il était trop tard pour qu'il pût rejoindre don François. Alors, sans hésiter, il alla droit à Madrid pour porter au roi le salut de Napoléon III. La cour d'Espagne fut touchée de cette marque de courtoisie délicate, et pour témoigner au général toute sa satisfaction, la reine le décora du grand cordon de l'ordre d'Isabelle.

Quelques années plus tard, M. de Grammont fut nommé général de division. Il fut alors désigné, en mai 1857, pour diriger le camp de Lunéville. Il y forma cette magnifique division de dragons dont l'empereur vint admirer les manœuvres, et qu'il voulut même revoir de près, l'année suivante, en l'appelant avec son chef au camp de Châlons.

Mais le général, atteint dans sa santé, dut quitter bientôt son poste de Lunéville. Il accepta toutefois de remplir, pendant plusieurs années, les fonctions d'inspecteur général de cavalerie. Il fit partie de diverses commissions appelées à délibérer sur les questions militaires. Homme de pratique et de fortes études, il a largement contribué aux progrès de son arme.

En 1859, il reprit pour quelque temps, à Paris, le commandement d'une division de cavalerie, qu'il espérait conduire en Italie. Mais les victoires rapides de l'armée française ne lui laissèrent pas le temps de réaliser ce rêve.

D'ailleurs l'heure du repos allait sonner pour lui. C'est en juillet 1861 qu'il dut se séparer, non sans déchirement, de ce drapeau sous les plis duquel il avait vécu près d'un demi-siècle. Les plus vives sympathies l'accompagnèrent dans sa retraite où, comme son ami Bugeaud, il s'occupa beaucoup d'agriculture, améliorant à la fois son domaine de Bouilla-guet (situé tout près de la ville de Miramont) et le sort des nombreux travailleurs qu'il employait ; on voyait des hommes, âgés déjà, payés autant que les plus jeunes et pour qui ce salaire exagéré était un bienfait délicat.

Mais le général ne devait pas survivre longtemps à sa séparation de l'armée. Le 14 juin 1862, il fut emporté à l'improviste par une attaque d'apoplexie. « La veille encore, dit M. Tamizey de Larroque, il avait passé une journée presque entière debout sous les beaux ombrages et dans les fertiles prairies dont il était le créateur, oasis établie sur un terrain aride, et dont il admirait avec un juste orgueil la riche végétation. La vie des champs semblait devoir prolonger jusqu'aux limites les plus reculées sa vigoureuse vieillesse. Mais, comme l'a dit sur sa tombe une éloquente voix, pour cette âme nourrie de travail et d'activité, la retraite devait être fatale. Sa main, sans épée, s'est refroidie. »

Les obsèques de M. de Grammont eurent lieu à Miramont le surlendemain, et sans aucune pompe, ainsi qu'il en avait témoigné le désir. « Autour de son cercueil, comme le dit un de ses anciens compagnons d'armes, le chef d'escadron Couturier, pas de baïonnettes, pas même de cheval de bataille portant les insignes de son grade et ses nombreuses décorations, mais une foule empressée venue de plusieurs lieues à la ronde et qui, dans un pieux recueillement, accompagnait les restes de l'homme bon, aimable, du père de famille [1], du propriétaire intelligent qui répandait le bien autour de lui. Sur sa tombe on ne fit pas parler la poudre, mais quelques sanglots, quelques mots touchants se firent entendre. » Peu de jours plus tard, le 8ᵉ régiment de hussards, alors à Limoges, fit célébrer un service solennel pour le repos de l'âme de son ancien colonel. Bientôt après, à Paris, la Société protectrice des animaux, dans sa réunion du 29 juin, émettait le vœu que le buste de M. de Grammont, son président honoraire, fût placé dans la salle de ses séances. L'assemblée vota à l'unanimité cette résolution, et la souscription ouverte immédiatement ne tarda pas à fournir la somme nécessaire.

Aujourd'hui, à l'occasion du centenaire de la naissance du général, et sous la généreuse impulsion d'un homme d'intelligence et de cœur, M. Lavigne, conseiller d'arrondissement de Marmande et maire de Miramont, un monument va lui être élevé dans cette dernière ville, non loin

---

[1] Le général de Grammont avait épousé Mᵐᵉ Anna de Boëry, fille d'un ancien capitaine d'infanterie qui était chevalier de l'ordre de Saint-Louis et de l'ordre de la légion d'honneur, et qui fut longtemps maire de Miramont.

De ce mariage naquirent trois enfants :

1º Raoul Delmas de Grammont, écuyer de l'Empereur Napoléon III et membre du Conseil général du département de Lot-et-Garonne ;

2º Amélie Delmas de Grammont, qui épousa feu Léon de Bentzmann ; elle est morte au château de Lalanne en avril 1893, laissant, avec le souvenir de mille bonnes actions, d'exquis petits livres où le patriotisme ne brille pas moins que la piété ;

3º Gaston Delmas de Grammont, décédé tout jeune encore dans ce château de Bouillaguet où son père, peu d'années auparavant, avait rendu sa belle âme à Dieu.

de la statue érigée en l'honneur du grand orateur et du grand ministre qui s'appela le vicomte de Martignac et qui avait été l'intime ami de la famille Delmas de Grammont.

Nous ne pouvons mieux terminer qu'en empruntant quelques lignes à l'article qu'écrivait, au lendemain de la mort du général, M. le baron de Vaux dans le Moniteur universel :

« Agronome et éleveur distingué, homme d'épée, de tribune et d'érudition, le général de Grammont était à tous égards une intelligence supérieure. Causeur attrayant, il aimait à raconter et son esprit caustique abordait volontiers l'histoire des hommes et des choses par le côté anecdotique. Dans l'exercice de ses hautes fonctions, il tempérait par l'aménité des formes la raideur du commandement et se montrait accessible et bienveillant pour tous. Sa nature chevaleresque poussait le désintéressement personnel jusqu'au dédain, mais il était ardent à solliciter les faveurs ou les récompenses pour ses camarades de tous les grades. Aussi laisse-t-il dans l'armée beaucoup d'obligés, et presque autant d'amis qu'il a compté d'officiers sous ses ordres. C'est le plus bel éloge que nous puissions en faire. »

9 782019 991036